BEI GRIN MACHT SICH IHR WISSEN BEZAHLT

AF144692

- Wir veröffentlichen Ihre Hausarbeit, Bachelor- und Masterarbeit

- Ihr eigenes eBook und Buch - weltweit in allen wichtigen Shops

- Verdienen Sie an jedem Verkauf

Jetzt bei www.GRIN.com hochladen und kostenlos publizieren

Konrads von Würzburg "Herzmäre". Ein Minnemäre?

Lukas Körfer

Bibliografische Information der Deutschen Nationalbibliothek:

Die Deutsche Nationalbibliothek verzeichnet diese Publikation in der Deutschen Nationalbibliografie; detaillierte bibliografische Daten sind im Internet über http://dnb.d-nb.de abrufbar.

ISBN: 9783389054215
Dieses Buch ist auch als E-Book erhältlich.

Druck und Bindung: Books on Demand GmbH, Norderstedt Germany
Gedruckt auf säurefreiem Papier aus verantwortungsvollen Quellen

Das vorliegende Werk wurde sorgfältig erarbeitet. Dennoch übernehmen Autoren und Verlag für die Richtigkeit von Angaben, Hinweisen, Links und Ratschlägen sowie eventuelle Druckfehler keine Haftung.

Das Buch bei GRIN: https://www.grin.com/document/1495365

Institut für Germanistische und

Allgemeine Literaturwissenschaft der RWTH Aachen

Seminar Germanistik: Novellistisches Erzählen im Mittelalter – Theorien und Texte

SS 2021

Konrad von Würzburg: Herzmäre

Ein Minnemäre?

Lukas Körfer

Lehramt Gym/Ge Deutsch und Geschichte

Aachen, den 20.08.2021

Inhaltsverzeichnis

1. Einleitung

Wenn man sich heutzutage mit deutscher Literatur im Mittelalter beschäftigt, begegnet man früher oder später auch Konrad von Würzburg. Als ein „Klassiker […] in der deutschen Literaturgeschichte"[1] verfasste er im 13. Jahrhundert viele Texte, die, verglichen mit Werken anderer Autoren der damaligen Zeit, sehr gut überliefert sind[2]. Eines seiner bekanntesten Werke ist das „Herzmäre". Diese Arbeit beschäftigt sich mit der Frage, ob und inwieweit Konrad von Würzburgs „Herzmäre" als Minnemäre bezeichnet werden kann. Für eine solche Analyse ist eine terminologische Klärung der Begriffe „Märe", „Minne" und „Minnemäre" notwendig, die zu Beginn der Arbeit nach der Einleitung erfolgt. Anschließend werden das Herzmäre und sein Autor Konrad von Würzburg knapp vorgestellt, bevor es zum Kern der Arbeit kommt. Dieser besteht aus der Analyse des „Herzmäre" und in der Untersuchung, inwiefern es mären– und minnetypische Eigenschaften aufweist, durch die es möglicherweise als Minnemäre betitelt werden könnte. Die Arbeit endet mit einem zusammenfassenden Fazit. Fundament der Arbeit ist selbstverständlich eine Ausgabe des „Herzmäre" Konrad von Würzburgs, die aus dem Werk „Novellistik des Mittelalters" von Klaus Grubmüller entnommen wurde. Für den definitorischen Teil der Arbeit, der sich mit den Begriffen des Märe und der Minne auseinandersetzt, wurde mit besonderem Bezug zu Hanns Fischer gearbeitet, der in seinem Werk „Studien zur deutschen Märendichtung" den Märenbegriff kategorisiert und definiert. Im gleichen Zug halfen die Werke „Ehre und Mut. Aventiure und Minne. Höfische Wortgeschichten im Mittelalter" von Otfrid Ehrismann und „Studien zur Wissensbestimmung der höfischen Minne" von Hans Furstner, den Begriff der Minne in einem für diese Arbeit notwendigen Rahmen vorzustellen. In der Hauptanalyse des „Herzmäre" konnten sich die Untersuchung Ursula Schulzes „Konrads von Würzburg novellistische Gestaltungskunst im ‚Herzmäre'", Rüdiger Brandts Werk „Konrad von Würzburg. Kleinere epische Werke", sowie Klaus Grubmüllers „Die Ordnung, der Witz und das Chaos. Eine Geschichte der europäischen Novellistik im Mittelalter: Fabliau – Märe – Novelle" als sehr nützlich erweisen. Auf einen Vergleich mit anderen Mären, die womöglich eine ähnliche Thematik und Motivik aufweisen, kann auf Grund des begrenzten Rahmens der Arbeit des Proseminars nicht eingegangen werden.

---

[1] Brandt, Rüdiger: Konrad von Würzburg. Kleinere epische Werke. 2., neu bearbeitete und erweiterte Auflage, Berlin: Schmidt, 2009 (=Klassiker Lektüren 2), S. 9.
[2] Vgl. Ebd.

2. Begrifflichkeiten

Eine Arbeit über die Frage, inwieweit das Herzmäre als Minnemäre bezeichnet werden kann, erfordert die Klärung und Einordnung mancher Begrifflichkeiten. Was ist ein Märe? Was bedeutet (hohe) Minne? Was genau ist ein Minnemäre? Im Folgenden wird ein Versuch unternommen, diese Fragen zu beantworten.

2.1 Das Märe

Mit diesem Begriff wird der Lesende direkt zu Beginn der Lektüre des Herzmäre konfrontiert. Mit dem Titel bezeichnet Konrad sein Werk als ein Märe und auch in seiner Einleitung findet sich der Ausdruck *mære* wieder (V.6)[3]. Wieso braucht es dann einer Klärung und Einordnung des Begriffs? Der mittelhochdeutsche Begriff *mære*, wie ihn Konrad benutzt, steht nur für eine Erzählung oder eine Geschichte allgemein und ist von dem in der heutigen Wissenschaft zur Einordnung und zu Gattungsbestimmungszwecken benutzten Begriff ‚Märe' zu trennen[4]. Hanns Fischer (1983) definiert den Terminus wie folgt: Laut ihm ist das Märe

> „eine in paarweise gereimten Viertaktern versifizierte, selbstständige und eigenzweckliche Er-
> zählung mittleren (d.h. durch die Verszahlen 150 und 2000 ungefähr umgrenzten) Umfangs, de-
> ren Gegenstand fiktive, diesseitig-profane und unter weltlichem Aspekt betrachtete, mit aus-
> schließlich (oder vorwiegend) menschlichem personal vorgestellte Vorgänge sind."[5]

Er grenzt das Märe somit anhand des Umfangs von Romanen und Bispeln ab und anhand des weltlichen und fiktiven Inhalts der Erzählung u.a. von Legenden, Fabeln, Hagiografien und Reiseberichten. Seine aufgestellte Definition und seine Kategorisierung werden in der heutigen Forschung grundsätzlich noch benutzt, weshalb sie im Folgenden vorgestellt werden[6]. Fischer stellt außerdem eine Liste von Texten vor, die seiner äußeren Definition des Märe entsprechen[7]. Diese Mären ordnet er anschließend zwölf verschiedenen Kategorien, bzw. Themenkreisen zu, die er anhand der Kriterien des Märenpersonals und der

---

[3] Alle Versangaben in dieser Arbeit beziehen sich auf folgende Ausgabe: Konrad von Würzburg: *Herzmäre*. In: Novellistik des Mittelalters. Märendichtung. Hg., übersetzt und kommentiert v. Klaus Grubmüller. 3. Auflage. Berlin: Deutscher Klassiker Verlag 2017, S. 262-295.

[4] Vgl. Ehrismann, Otfrid: Fabeln, Mären, Schwänke und Legenden im Mittelalter. Eine Einführung. Darmstadt: WBG, 2011 (= Einführungen Germanistik), S. 55, vgl. auch: Grubmüller, Klaus: Die Ordnung, der Witz und das Chaos. Eine Geschichte der europäischen Novellistik im Mittelalter: Fabliau – Märe – Novelle. Tübingen: Niemeyer, 2006, S. 21.

[5] Fischer, Hanns: Studien zur deutschen Märendichtung. 2., durchgesehene und erweiterte Auflage, besorgt von Johannes Janota. Tübingen: Niemeyer, 1983, S. 62f.

[6] Vgl. Ehrismann: Fabeln, S. 55ff., vgl. auch: Heinzle, Joachim: Märenbegriff und Novellentheorie. Überlegungen zur Gattungsbestimmung der mittelhochdeutschen Kleinepik. In: Das Märe. Die Mittelhochdeutsche Versnovelle des späteren Mittelalters. Hg. v. Karl-Heinz Schirmer. Darmstadt: WBG, 1983, S. 91-110 (= Wege der Forschung 558), S. 91ff., vgl. auch: Ziegeler, Hans-Joachim: Art. Märe. In: Lex.Ma 6 (1993), Sp. 229-230. URL: http://apps.brepolis.net/lexiema/test/Default2.aspx (Zugriff am 05.08.21).

[7] Vgl. Fischer: Studien, S. 65-71.

Märenthematik erstellt hat, um Mären innerhalb der äußeren Gattungsgrenzen zu ordnen[8]. Es ist bemerkenswert, dass fast ein Drittel aller Mären in nur drei von den zwölf Themenkreisen untergebracht werden können, deren Ursprung im Behandeln des Ehebruchs liegt[9]. Fischer geht nun einen Schritt weiter und fasst die Gesamtheit des Märenbestandes in drei thematische Grundtypen zusammen, die er „das schwankhafte, das höfisch-galante und das moralisch-exemplarische Märe" nennt[10]. In einem schwankhaften Märe steht die Komik im Mittelpunkt, die meistens mit Hilfe eines Streiches in den Erzählungen vermittelt wird, mit dem Ziel den Leser zu belustigen und zu unterhalten, während in nur sehr wenigen Texten dieser Kategorie versucht wird, ernsthaft zu moralisieren[11]. In einem höfisch-galantem Märe fällt im Vergleich dazu das scherzhafte Moment weg. Anstelle dessen tritt die Vermittlung und Hervorbringung höfisch-gesellschaftlicher Normen und Gefühle[12]. Das Handeln des Protagonisten ist dabei meist minnegetrieben und vollzieht sich in der Erfüllung und Bewältigung von typisch höfischen, ritterlichen Tugenden in besonders brenzligen und von Konflikten geprägten Situationen[13]. Ein beliebtes Motiv ist der Liebestod bzw. das Minnemärtyrertum des Ritters oder des Paares, das sich in vielen Texten dieser Kategorie finden lässt[14]. Im Gegensatz zu den unterhaltenden, schwankhaften Mären sollen die in den höfisch-galanten Mären vorgestellten und vorgelebten Verhaltensweisen und tugendlichen Handlungen als Vorbild für die Lesenden dienen[15]. Als dritte und letzte Kategorie stellt Fischer die moralisch-exemplarischen Mären vor, die aus den Texten des letzten der zwölf Themenkreise bestehen[16]. Während die höfisch-galanten Mären eine sehr spezifische und begrenzte Thematik aufweisen, haben moralisch-exemplarische Mären eine diverse Motivik, zeichnen sich aber durch die Gemeinsamkeit aus, dass sie im Gegenzug zu schwankhaften Mären, schlechtes Verhalten beispielhaft und mit einer Ernsthaftigkeit vorstellen. Schlechtes Verhalten meint hier die Missachtung damaliger moralisch korrekter, christlicher Werte [17]. In diesen Mären werden oft moralische, gegensätzliche Haltungen polarisiert, um einen gewissen moralischen Standpunkt zu vermitteln[18]. Der größte Teil des Märenbestandes kann diesen drei vorgestellten Kategorien zugeordnet werden. Da es allerdings auch viele Texte gibt, die nicht

---

[8] Für eine Auflistung der zwölf Themenkreise und ausgewählter Beispiele vgl. Ebd., S. 93-100.
[9] Vgl. Ebd., S. 94ff.
[10] Ebd., S. 101.
[11] Vgl. Ebd., S. 102, 104, 107f.
[12] Vgl. Ebd., S. 109ff.
[13] Vgl. Ebd.
[14] Vgl. Ebd., S. 109.
[15] Vgl. Ebd., S. 110.
[16] Vgl. Ebd., S. 111.
[17] Vgl. Ebd., S. 99.
[18] Vgl. Ebd., S. 111.

klar untergebracht werden können, teilt Fischer seinen drei Kategorien jeweils noch einmal drei Varianten zu. So können beispielweise höfisch-galante Mären zugeordnet werden, die auch moralisch-exemplarische Charakteristika aufweisen usw.[19].

2.2 Die (hohe) Minne

Bei der Bestimmung der Minne ist es wichtig zu beachten, dass der Begriff polysemisch ist, also mehrere Bedeutungen hat und somit eine einzige, klare und einheitliche Definition nicht möglich ist. Semantisch gesehen konnte im Mittelalter der Begriff synonym für Liebe gebraucht werden, aber er konnte auch für eine reine Freundlichkeit stehen oder im religiösen, kirchlichen Kontext verwendet werden, bezeichnete aber gewöhnlich die Beziehung zweier Menschen zueinander[20]. In Minneliedern wird die höfische Liebe, die hohe Minne, als sehnsuchtsvolle, schmerzhafte Liebe thematisiert, indem der männliche Sänger die Zuneigung der höfischen Dame begehrt und um sie wirbt[21]. Der Minnesänger steht dabei gesellschaftlich aber unter der Dame, sie sind nicht gleichberechtigt und der Mann strebt unentwegt nach der Nähe zur Frau und auf Erhöhung durch sie. Sie vertritt nämlich die höfischen Werte und Normen und vermag mit ihrer Gunst den Wunsch des Sängers zu erfüllen. Dieser Erfüllung steht aber die höfische Gesellschaft im Weg, die es dem Werber nicht erlaubt, auf der gleichen Stellung wie die Dame ihre Nähe und Liebe zu spüren[22]. In der Auslegung der Minne als hohe, bzw. höfische Minne hat sie eine eigene Zeitstruktur, die sie von der Liebe unterscheidet. Im Gegensatz zur ewigen Liebe, die überdauert, wird die höfische Minne zeitlich von Geburt und Tod begrenzt[23]. Mittelalterliche Autoren verwendeten den Minnebegriff allerdings auch häufig nicht im Kontext der hohen Minne, sondern gleichbedeutend mit Liebe. Diese synonyme Verwendung setzte sich in der frühen Neuzeit durch, in der der mittelhochdeutsche Begriff *minne* geografisch gesehen größtenteils durch *liebe* ersetzt wurde[24]. Die Bedeutung von Minne und Liebe war gattungsgesteuert. Die Auffassung der Minne in Romanen als eher sexuelle, eheliche Liebe unterscheidet sich von der hohen Minne, wie sie in den Minneliedern und -gesängen benutzt wurde[25]. Im Kontext dieser Arbeit erscheint es nun

---

[19] Vgl. Ebd., S. 112f.
[20] Vgl. Ehrismann, Otfrid: Ehre und Mut, Aventiure und Minne. Höfische Wortgeschichten aus dem Mittelalter. München: C.H.Beck, 1995, S. 136ff.
[21] Vgl. Ebd., S. 141.
[22] Vgl. Ebd., vgl. auch: Furstner, Hans: Studien zur Wissensbestimmung der höfischen Minne. Groningen/Djakarta: Wolters 1956, S. 224.
[23] Vgl. Furstner: Studien, S. 164, 169, 225f.
[24] Vgl. Ehrismann: Ehre, S. 138.
[25] Vgl. Ebd., S. 141.

als relevant zu definieren, wie Minne in der Gattung des Märe, in sog. Minnemären auszulegen ist.

2.3 Minnemäre

Der Begriff Minnemäre taucht in Fischers Themenkatalog nicht auf, weshalb er in der Forschung nicht weit verbreitet ist. Grubmüller (2006) fasst unter ihm zwischen Mitte des 13. und Anfang des 14. Jahrhunderts entstandene Texte aus verschiedenen Gattungsmustern zusammen, die alle das Thema der unbedingten, passionierten Liebe gemeinsam haben[26]. Sie spiegeln in unterschiedlichen Erscheinungsformen die Macht der Minne wider, sind dabei aber nicht argumentativ, moralisierend oder wertend und zeigen kein schlechtes Verhalten als Warnung auf, sondern stellen nur eine Handlung oder ein Bild vor Augen, das beispielhaft sein soll. Sie sind illustrativ und können mit dem Terminus ‚demonstratives Märe‘ zusammengefasst werden[27]. Erzählerisch ist ihnen eine Pointe gemeinsam, die allerdings nicht wie im schwankhaften Märe auf einem Einfall, Streich o.ä. beruht, nicht einmal von den beteiligten Personen ausgeht, sondern „sich, fast schicksalshaft, aus dem Geschehenen" ergibt[28]. Eine weitere Gemeinsamkeit der Minnemären ist die Verbindung von Gegensätzlichkeiten wie Freude und Schmerz, Liebe und Leid oder Leben und Tod. Zusammen mit dieser Thematik steht oft eine Dreieckskonstellation aus verheirateter Dame, ihrem Liebhaber und ihrem Ehemann im Zentrum, der sog. „Minne-Ehe-Spannung"[29], in der der Ehemann der Liebe zwischen der Dame und dem Liebhaber im Weg steht. Eine Erfüllung der Liebe kann wegen des Ehemannes und der gesellschaftlichen Normen deshalb oft nur im Tod gefunden werden[30]. Die Nachricht vom Tod des einen Liebenden führt bei dem anderen auch zum Tod, oft durch Selbstmord. In diesem Minnetod der beiden Liebenden können sie die Hindernisse, die ihnen während des Lebens im Weg standen, überbrücken und in ihrer Liebe vereint werden[31]. Durch diese sehr enge Definition grenzt sich der Entstehungszeitraum von Minnemären nur auf wenige Jahrzehnte ein, bevor Motive aus anderen Richtungen und Umgebungen in die Märenkultur einflossen[32].

---

[26] Vgl. Grubmüller: Ordnung, S. 156f.
[27] Vgl. Ebd., S. 158-161.
[28] Ebd., S. 159.
[29] Schirmer, Karl-Heinz: Stil- und Motivuntersuchungen zur mittelhochdeutschen Versnovelle. Tübingen: Niemeyer, 1969 (=Hermaea Germanistische Forschungen. Neue Folge 26), S. 141.
[30] Vgl. Grubmüller: Ordnung, S. 163.
[31] Vgl. Ebd.
[32] Vgl. Ebd.

3. Konrad von Würzburg: Herzmäre

Hauptgegenstand dieser Arbeit ist das „Herzmäre" Konrad von Würzburgs. Das Geburtsdatum des am meisten überlieferten Autors des 13. Jahrhunderts ist nicht bekannt, seinen Tod datiert man auf das Jahr 1287[33]. Mit 14 Überlieferungsträgern ist sein „Herzmäre" eines der am umfangreichsten erhaltenen Werke der mittelalterlichen Märendichtung[34]. Aufgrund von Unvollständigkeiten oder Unterschieden entfällt in manchen Handschriften der Name des Autors oder es wird fälschlicherweise Gottfried von Straßburg als Autor genannt. Auch wenn Konrad sich nur in zwei Handschriften selbst als Autor nennt, ordnet man ihm den Text aufgrund der Stilistik zu[35]. Der Entstehungszeitraum des „Herzmäre" ist nicht genau bekannt, trotzdem vermuten manche Historiker aufgrund der enthaltenen Kreuzzugsmotivik eine zeitliche Nähe zum Kreuzzug von 1267[36]. Es ist möglich, dass Konrad für seine Geschichte einen französischen Text oder eine französische Geschichte als Vorlage benutzte und aus diesem in der Nähe von Basel das „Herzmäre" verfasste[37]. Es ist gut möglich, dass die Zeit, in der die erzählte Geschichte spielen soll, sich mit dem Entstehungszeitraum deckt[38].

4. Herzmäre = Minnemäre?

In der Forschung gibt es verschiedene Vorschläge, wie das „Herzmäre" einzuordnen ist. Fischer (1983) ordnet es in seinem Märenkatalog dem Thema ,Treue Minne' und somit dem höfisch-galanten Märe zu, während Strasser (1989) den Vorschlag unterbreitet, das „Herzmäre" mit einer kleinen Zahl anderer Texte, die auch das Märtyrertum in weltlicher Auslegung thematisieren, unter dem Begriff ,sentimentale Mären' zusammenzufassen, einer Bezeichnung, für die das „Herzmäre" laut Schirmer (1969) einen Prototyp darstellt[39]. Für Grubmüller (2006) ist Konrads Werk ein „Einzelexemplar[e] von höfischen Kurzerzählungen"[40] und er bezeichnet es als ,Minnemäre' und damit als Teil der ,demonstrativen Mären'. Konrad beginnt sein „Herzmäre" mit der Vorstellung seiner Intention. Ein *bilde* (V.4) der wahren Liebe möchte er *schouwen* (V.6), um ein Beispiel aufzuzeigen, da seiner Meinung

---

[33] Vgl. Brandt: Konrad, S. 15, 72, vgl. auch: Grubmüller, Klaus: Kommentar. In: Novellistik des Mittelalters. Märendichtung. 3. Auflage. Hg. v. dems. Berlin: Deutscher Klassiker Verlag, 2017, S. 1122.
[34] Vgl. Brandt: Konrad, S. 82, vgl. auch: Grubmüller: Kommentar, S. 1120.
[35] Vgl. Brandt: Konrad, S. 82, vgl. auch: Grubmüller: Kommentar, S. 1122.
[36] Vgl. Brandt: Konrad, S. 26.
[37] Vgl. Ebd., S. 26, 83.
[38] Vgl. Grubmüller: Ordnung, S. 153.
[39] Vgl. Fischer: Studien, S. 99, vgl. auch: Strasser, Ingrid: Vornovellistisches Erzählen. Mittelhochdeutsche Mären bis zur Mitte des 14. Jahrhunderts und altfranzösische Fabliaux. Wien: Fassbaender, 1989 (=Philologica Germanica 10), S. 172, vgl. auch: Schirmer: Stil- und Motivuntersuchungen, S. 144ff.
[40] Grubmüller: Ordnung, S. 155.

nach die Liebe in der Welt fremd geworden ist und es die eigene Liebe verstärkt, wenn man Geschichten von reiner Liebe liest oder hört (V.1-3, 19-21). Konrad legitimiert seine Absichten mit der Berufung auf Gottfried von Straßburg (V.8f.). Es geht ihm also darum, eine Geschichte über reine, vollkommene Liebe als demonstratives, exemplarisches Musterbild zu erzählen, in der keine wertende Moral vermittelt werden soll, die aber die Liebe der Rezipierenden stärken soll[41]. Gestalterisch fördert er diese Absicht, indem er weder den Figuren der Erzählung Namen gibt noch die Vorgeschichte oder Entstehung des Liebesverhältnisses zwischen der Dame und dem Ritter erläutert, womit sie eine als eine gegebene Selbstverständlichkeit erscheint und somit nicht von der Liebesgeschichte und ihrer Aussage ablenkt[42]. Für diese Geschichte nutzt Konrad ein Motiv, dessen Grundzüge es in der Literaturgeschichte schon vor ihm gab[43]. Das Motiv des ‚gegessenen Herzens‘ besteht daraus, dass ein oft schon betrogener Ehemann den Liebhaber seiner Frau aus Rache oder Eifersucht umbringt und ihr dessen Herz als Speise zubereiten lässt und serviert. Nachdem die Dame das Herz isst, stirbt meistens auch sie aus eigenem Bestreben[44]. In Konrads Erzählung reist allerdings der Liebhaber ins Heilige Land, um den Verdacht des Ehemannes zu zerstreuen, stirbt dort an Liebeskummer, kann aber seinem Diener noch den Auftrag erteilen, sein Herz herauszuschneiden und es in einem verzierten Kästchen zusammen mit einem Ring, den ihm die Dame gab, ihr als Liebes- und Treuebeweis zu bringen. Der Diener des Ritters wird allerdings von dem Gatten der Dame abgefangen, der ihm das Herz abnimmt und seiner Frau als Mahl zubereiten lässt. Nachdem die Dame das Herz des Ritters isst, offenbart ihr Ehemann, dass sie das Herz ihres Liebhaber gegessen hat und daraufhin stirbt auch die Frau aus Liebe zu ihrem Ritter. Der entscheidende Aspekt Konrads Geschichte im Unterschied zu dem bekannten Motiv des gegessenen Herzens besteht darin, dass nicht der eifersüchtige Ehemann den Liebhaber töten und sein Herz entnehmen lässt, sondern der Ritter aus Liebessehnsucht zu seiner Dame stirbt und sterbend entscheidet, sein Herz herausschneiden und der Dame bringen zu lassen. Somit wird aus einem Rachemotiv und einer Rachegeschichte die Liebe als zentrale Kraft in die Mitte gestellt[45]. Die Umdeutung der Geschichte und das

---

[41] Vgl. Ebd., vgl. auch: Schulze, Ursula: Konrads von Würzburg novellistische Gestaltungskunst im ‚Herzmære‘. In: Mediævalia litteraria. Festschrift für Helmut de Boor zum 80. Geburtstag. Hg. v. Ursula Henning/Herbert Kolb. München: C.H.Beck, 1971, S. 462, vgl. auch: Kokott, Hartmut: Konrad von Würzburg. Ein Autor zwischen Auftrag und Autonomie. Stuttgart: Hirzel 1989, S. 73, vgl. auch: Brandt, Konrad, S. 84.
[42] Vgl. Kokott: Konrad, S. 73.
[43] Vgl. Brandt: Konrad, S. 83, vgl. auch: Schulze: Gestaltungskunst, S. 452, vgl. auch: Grubmüller: Ordnung, S. 154.
[44] Vgl. Schulze: Gestaltungskunst, S. 452, vgl. auch: Haug, Walter: Entwurf zu einer Theorie der mittelalterlichen Kurzerzählung. In: Kleinere Erzählformen des 15. Und 16. Jahrhunderts. Hg v. Walter Haug/Burghart Wachinger. Tübingen: Niemeyer, 1993, S. 26f.
[45] Vgl. Ebd., S. 454, vgl. auch: Kokott: Konrad, S. 71f.

Thema der fundamentalen, absoluten Liebe finden sich mit Konrads „Herzmäre" zum ersten Mal in der Kurzgeschichtenerzählung[46]. Für die Minnedichtung typisch ist das Herz als Zeichen für die Minne und als Mittelpunkt und zentrales Motiv, das die Erzählung durchzieht[47]. Es wird aber nicht nur als Zentrum und Symbol der Liebe gesehen, sondern weist eine Doppeldeutung und Polarität zwischen Liebe und Leid auf[48]. Diese Verkettung von Gegensätzlichkeiten zeigt sich auch in der Beschreibung des Herzens. Vom grausamen und detailliert beschriebenen Akt des Herausschneidens und dem Herzen als etwas Totes und Unschönes („*bluotic unde riuewevar*" V.300) gelangt es in einem edel verziertem Kästchen zu dem Koch des Ehemannes, der es als eine kostbare, vorzügliche Speise herrichtet. Mit „*edeln würzen*" wird es zu einem „*herze vil geslaht*" (V.419f.), bevor die Dame es verzehrt. Auch diese grausame, kannibalistische Tat wird zu etwas Positiven und Angenehmen hochstilisiert, wenn die Dame diese Speise genießt und ihr nichts auf der Welt mehr so gut schmecken wird, wie das Herz (V.434ff., 446ff.). Grausamkeit und Schönheit verbindet Konrad hier zur Ästhetisierung der Liebe[49]. Dieses Spiel mit Kontrasten, mit Liebe und Schmerz, Leben und Tod und Nähe und Trennung durchzieht die ganze Geschichte (V.41f., 215ff., 240, 244, 264f., 270, 316f., 321f., 365). Die symbolische Bedeutung des Spiels mit Nähe und Trennung beginnt schon zu Beginn der Geschichte. Die Liebenden sind durch ihre Liebe zueinander wörtlich „*verweben*" (V.31), sodass sie alles fühlen, was auch der andere empfindet (V.32ff.). Die Nähe wird noch einmal während ihres Gesprächs vor der Abreise des Ritters bemerkbar, bevor sie sich räumlich gesehen voneinander trennen (V.216ff.). Diese räumliche Trennung wird dann mit dem Wunsch des Ritters, sein Herz nach seinem Tod der Dame bringen zu lassen und mit der Aufnahme des Herzens durch die Dame überwunden und die verwobene Nähe der beiden wird endgültig, da sie nun nicht nur metaphorisch, sondern auch materiell durch die Inkorporation des Herzens eins und in ihrem Tod durch die Liebe vereint sind (V.430ff.)[50]. Schulze (1971) bezeichnet diesen Vorgang und die Erfüllung der Liebe im Tod als „gelungenes Exemplum wahrer Minne"[51]. Es handelt sich im

---

[46] Vgl. Grubmüller: Ordnung, S. 154, vgl. auch: Brandt: Konrad, S. 85.

[47] Vgl. Schulze: Gestaltungskunst, S. 468, vgl. auch: Selmayr, Pia: Objektiviertes Begehren. Zur Funktion und Bedeutung von Gegenständen in mittelhochdeutschen Mären. In: Das Verhältnis von res. und verba. Zu den Narrativen der Dinge. Hg. v. Martina Wernli/Alexander Kling. Freiburg: Rombach, 2018, S. 141f.

[48] Vgl. Schulze: Gestaltungskunst, S. 468f., vgl. auch: Kokott: Konrad, S. 73, vgl. auch: Grubmüller: Kommentar, S. 1126f.

[49] Vgl. Brandt: Konrad, S. 85f.

[50] Vgl. Grubmüller: Ordnung, S. 166, vgl. auch: Schulze: Gestaltungskunst, S. 455, vgl. auch: Pretzel, Ulrich: Geleitwort zu >Deutsche Erzählungen des Mittelalters<. In: Das Märe. Die Mittelhochdeutsche Versnovelle des späteren Mittelalters. Hg. v. Karl-Heinz Schirmer. Darmstadt: WBG, 1983, S. 55-63 (= Wege der Forschung 558), S. 57.

[51] Schulze: Gestaltungskunst, S. 466.

„Herzmäre" jedoch nicht um typische hohe, höfische Minne. Auch wenn Konrad den Begriff *minne*, teilweise auch *hohe minne* als Leitmotiv die ganze Geschichte über verwendet (V.2, 10, 20, 26, 38, 43, 58, 67, 84, 111, 123, 132, 247, 317, 365, 472, 538, 546, 552, 571, 587), unterscheidet sich seine Auffassung des Begriffs von der des Minnegesangs der höfischen Zeit. Für Konrad sind die Begriffe *liebe* und *minne* synonym als Ausdruck für dieselbe Emotion verwendbar. Der Ausdruck ‚Hohe Minne', wie er in Kapitel 2.2 vorgestellt wurde steht in Diskrepanz zu der Verwendung, die Konrad ihm zuteilwerden lässt[52]. Das wird vor allem in der Konstellation der Figuren und ihrer Beziehung zueinander deutlich. Im Gegensatz zur hohen Minne steht der Ritter nicht unter der ranghöheren Dame und erbittet ihre Liebe, sondern beide Liebenden stehen auf einer Stufe und sind in ihrer Liebe gleichwertig[53]. Dies wird zusammen mit der Nähe-Trennung-Terminologie durch Konrad mit „*verweben*" (V.31) einerseits positiv, mit „*verworren*" (V.85) andererseits negativ konnotiert. In den Gedanken des Ehemannes, mit seiner Frau ins Heilige Land zu reisen, wird der Dame die „*hohe[n] minne*" (V.111) zugesprochen, die sie für den Ritter fühlt, was im Gegensatz zur höfischen Auslegung der hohen Minne, in der nur der Ritter die aktiv werbende und minnende Figur ist, steht[54]. Nur an einer Stelle des Textes verhält sich der Ritter nach der typischen hohen-Minne-Auffassung, wenn er, ohne zu zögern als „*undertan*" (V.201) den Wunsch seiner Dame nachkommt, ihrem Gatten zuvorzukommen und ins Heilige Land zu fahren[55]. Gesamt betrachtet gibt es im „Herzmäre" allerdings keine verschiedene Hierarchiepositionen zwischen der Dame und ihrem Ritter[56]. Auch der Ehemann eignet sich nicht durchgehend als typisch höfischer Antagonist der Liebe zwischen der Dame ihrem Geliebten. Obwohl er im ersten Teil der Erzählung in die Gegnerrolle schlüpft, der Liebe entgegensteht und seine Frau überwacht („*huote*", V.81) und am Ende sein grausames Verhalten zeigt, wird er von Konrad mit denselben Attributen beschrieben wie der Ritter („*guot*". V.29, 64, 89). Dadurch, dass sein Verhalten und sein Befehl, das Herz des Ritters seiner Frau zu servieren von Konrad nicht negativ bewertet werden, erscheint er nicht als durchweg böse Gegenfigur[57]. Diese Diskrepanz in Konrads Argumentationsstruktur, die sich auch in den Klagen und den Vorwürfen des Ritters, der seiner Geliebten die Schuld an seinen Schmerzen und seinem Tod gibt (V.65ff., 74ff., 196ff., 204ff., 291ff., 296f., 314ff.) und in der Ambivalenz Konrads

---

[52] Vgl. Ebd., S. 478ff.
[53] Vgl. Ebd., S. 466, vgl. auch: Brandt: Konrad, S. 84.
[54] Vgl. Schulze: Gestaltungskunst, S. 479.
[55] Vgl. Ebd., S. 466.
[56] Vgl. Kokott: Konrad, S. 75.
[57] Vgl. Brandt: Konrad, S. 88, vgl. auch: Schulze: Gestaltungskunst, S. 464f.

Behauptung, dass es nie so eine wahre Liebe, wie in der Geschichte gegeben habe (V.533ff.) und der Klage, dass diese wahre Liebe in der Welt fremd geworden sei (V.1ff., 536ff.), zeigt, erklärt Brandt damit, dass Konrads Prioritäten auf der Ästhetik seiner Erzählung lagen und die damaligen Rezipienten der Geschichte wohl kaum das Interesse, noch die Mittel hatten, das Märe zu analysieren[58].

Im „Herzmäre" finden sich viele Textstellen und Analogien, die man als Steigerung zum Religiösen auslegen kann. Die geplante Reise des Ehegatten ins Heilige Land, um seine Frau zu bekehren, das schmuckreich verzierte Kästchen, in das das Herz des Ritters und der Ring der Dame gelegt werden als Reliquie, das Herz als Hostie, das die Frau wie in der Eucharistie zu sich nimmt und zuletzt der Tod des Ritters als Märtyrertod sind dafür geeignete Stellen (V.118ff., 260, 305ff., 334f., 430ff.). Es ist allerdings in der Forschung umstritten, ob Konrad mit diesen Analogien eine Steigerung ins Religiöse beabsichtige. Während Brandt (2009) diese Steigerung als gewollt betrachtet, sieht Schulze (1971) bei ihnen nur die Benutzung von Gottfrieds von Straßburg Metaphorik und Termini, die Konrad im Laufe des 13. Jahrhunderts übernahm, ohne eine Steigerung ins Religiöse im Sinn gehabt zu haben[59]. Der Begriff „*marteraere*" (V.260) ist also nicht nur christlich-religiös auslegbar, sondern auch weltlich, auf die Liebe bezogen, deutbar.

5. Fazit

Konrads „Herzmäre" ist ein Märe, das auf verschiedene Arten und Motive hin untersuchbar ist. Für diese Arbeit stand das Motiv der Minne im Vordergrund. Aufgrund der Gleichwertigkeit der Dame und des Ritters in ihrer Liebe zueinander und dem Fortbestehen dieser nach ihrem Tod, handelt es sich in der Geschichte allerdings nicht um die typische, höfische Liebe, die sog. Hohe Minne, auch wenn kurze Berührungen mit diesem Motiv zu finden sind. Der Kategorie ‚Minnemäre' im Sinne der hohen Minne kann das „Herzmäre" also nicht zugeordnet werden. Da der Begriff Minne allerdings nicht nur die hohe, höfische Minne umfasst, ist eine Zuordnung zu ‚Minnemären' als Geschichten von unbedingter Liebe möglich. Grundstein für diese Betitelung legt Grubmüller (2006) mit seiner Zuordnung der Minnemären zu den demonstrativen Mären. In der Terminologie von Fischer (1983) könnte das Herzmäre so also als eine Mischung aus höfisch-galantem und exemplarischem Märe gesehen werden. Es hat eine vorzeigende, beispielhafte Funktion, die ihm Konrad im Prolog und Epilog seiner Geschichte zuweist. Er wertet und moralisiert die Geschehnisse nicht, er warnt

---

[58] Vgl. Brandt: Konrad, S. 88f.
[59] Vgl. Ebd., S. 84f., vgl. auch: Schulze: Gestaltungskunst, S. 480f., vgl. auch: Selmayr: Begehren, S. 135ff.

nicht vor falschem Verhalten und dessen Folgen, sondern stellt das beispielhaft Aufzeigende in den Vordergrund. Die vertraute Geschichte des gegessenen Herzens wird von Konrad umgedichtet und ästhetisiert, dass nicht das übliche Rachemotiv prägend ist, sondern die Liebe als zentrale Antriebskraft die Handlung regiert. Das wichtigste Argument hierfür ist der Tod des Ritters aus Liebe und Sehnsucht nach seiner Dame und nicht durch den Mord des Ehegatten. Die Verbindung von Liebe und Schmerz, Nähe und Trennung etc. sind Gestaltungsmerkmale, die Grubmüllers Definition von ‚Minnemären' entsprechen. Trotz der räumlichen Entfernung finden die beiden Liebenden am Ende der Geschichte wieder zueinander. Mit der Inkorporation des Herzens des Ritters durch seine Liebhaberin sind ihre Herzen in einer Doppeldeutigkeit materiell und symbolisch wieder vereint. Diese Vereinigung findet ihren Höhepunkt in dem Tod der Dame, den sie durch ihre Liebe zu dem Ritter erfährt. So tut sie es ihm gleich. Beide starben durch die Liebe und die Sehnsucht zueinander und sind nach dem Tod in ihrer Liebe wieder vereint. Durch dieses Beispiel der unabdingbaren Liebe, der nicht einmal der Tod im Weg steht, ist die Bezeichnung ‚Minnemäre' für das „Herzmäre" durchaus passend.

6. Literaturverzeichnis

6.1 Primärliteratur

Konrad von Würzburg: *Herzmäre*. In: Novellistik des Mittelalters. Märendichtung. Hg.,
übersetzt und kommentiert v. Klaus Grubmüller. 3. Auflage. Berlin: Deutscher Klassiker
Verlag 2017, S. 262-295.

6.2 Sekundärliteratur

Brandt, Rüdiger: Konrad von Würzburg. Kleinere epische Werke. 2., neu bearbeitete und
erweiterte Auflage. Berlin: Schmidt, 2009 (=Klassiker Lektüren 2).

Ehrismann, Otfrid: Ehre und Mut, Aventiure und Minne. Höfische Wortgeschichten aus dem
Mittelalter. München: C.H.Beck, 1995.

Ehrismann, Otfrid: Fabeln, Mären, Schwänke und Legenden im Mittelalter. Eine Einführung. Darmstadt: WBG, 2011 (= Einführungen Germanistik).

Fischer, Hanns: Studien zur deutschen Märendichtung. 2., durchgesehene und erweiterte
Auflage, besorgt von Johannes Janota. Tübingen: Niemeyer, 1983.

Furstner, Hans: Studien zur Wissensbestimmung der höfischen Minne. Groningen/Djakarta:
Wolters 1956.

Grubmüller, Klaus: Die Ordnung, der Witz und das Chaos. Eine Geschichte der europäischen Novellistik im Mittelalter: Fabliau – Märe – Novelle. Tübingen: Niemeyer, 2006.

Grubmüller, Klaus: Kommentar. In: Novellistik des Mittelalters. Märendichtung. 3. Auflage.
Hg. v. dems. Berlin: Deutscher Klassiker Verlag, 2017.

Haug, Walter: Entwurf zu einer Theorie der mittelalterlichen Kurzerzählung. In: Kleinere
Erzählformen des 15. Und 16. Jahrhunderts. Hg v. Walter Haug/Burghart Wachinger. Tübingen: Niemeyer, 1993, S. 1-36.

Heinzle, Joachim: Märenbegriff und Novellentheorie. Überlegungen zur Gattungsbestimmung der mittelhochdeutschen Kleinepik. In: Das Märe. Die Mittelhochdeutsche Versnovelle des späteren Mittelalters. Hg. v. Karl-Heinz Schirmer. Darmstadt: WBG, 1983, S. 91-
110 (= Wege der Forschung 558).

Kokott, Hartmut: Konrad von Würzburg. Ein Autor zwischen Auftrag und Autonomie. Stuttgart: Hirzel 1989.

Pretzel, Ulrich: Geleitwort zu >Deutsche Erzählungen des Mittelalters<. In: Das Märe. Die Mittelhochdeutsche Versnovelle des späteren Mittelalters. Hg. v. Karl-Heinz Schirmer. Darmstadt: WBG, 1983, S. 55-63 (= Wege der Forschung 558).

Schirmer, Karl-Heinz: Stil- und Motivuntersuchungen zur mittelhochdeutschen Versnovelle. Tübingen: Niemeyer, 1969 (=Hermaea Germanistische Forschungen. Neue Folge 26).

Schulze, Ursula: Konrads von Würzburg novellistische Gestaltungskunst im ‚Herzmære'. In: Mediævalia litteraria. Festschrift für Helmut de Boor zum 80. Geburtstag. Hg. v. Ursula Henning/Herbert Kolb. München: C.H.Beck, 1971.

Selmayr, Pia: Objektiviertes Begehren. Zur Funktion und Bedeutung von Gegenständen in mittelhochdeutschen Mären. In: Das Verhältnis von res. und verba. Zu den Narrativen der Dinge. Hg. v. Martina Wernli/Alexander Kling. Freiburg: Rombach, 2018, S. 121-142.

Strasser, Ingrid: Vornovellistisches Erzählen. Mittelhochdeutsche Mären bis zur Mitte des 14. Jahrhunderts und altfranzösische Fabliaux. Wien: Fassbaender, 1989 (=Philologica Germanica 10).

Ziegeler, Hans-Joachim: Art. Märe. In: Lex.Ma 6 (1993), Sp. 229-230. URL: http://apps.brepolis.net/lexiema/test/Default2.aspx (Zugriff am 05.08.21).